Viernes Santo es un triste día,
mas Pascua es tiempo de alegría.
Jesús murió en Viernes Santo,
y en Pascua volvió a la vida.
¡Elevemos a Dios nuestro canto!

Este libro pertenece a:

_____

_____

_____

© Texto, 1998 Lois Rock
© Ilustraciones, 1998 Louise Rawlings
Original edition published in English under the tittle «Bright Star Night» by Lion Publishing plc, Oxford (England).

© Ed. Cast.: Edebé, 1999
Paseo de San Juan Bosco, 62
08017 Barcelona
www.edebe.com

Traducción: Benjamín Domínguez y equipo Edebé.

2.ª edición

ISBN 84-236-4917-2
Depósito legal. B. 45462-2000
Impreso en España
Printed in Spain
EGS- Rosario, 2- Barcelona

DÍA Y NOCHE

La gran noticia

LOIS ROCK

ILUSTRADO POR LOUISE RAWLINGS

edebé

Hace mucho, mucho tiempo, y en un lejano lugar
nació un niño cuyo nombre nunca debéis olvidar:
el niño Jesús, decían, vino a traernos la paz
y nos llenó de alegría.

¿Qué hace que la gente
sea feliz?
Estar sanos.

¿Qué hace que la
gente sea feliz?
Ser amados.

¿Qué hace que la gente
sea feliz?
Sentirse seguros.

El niño Jesús creció
siendo bueno y generoso:
curó a los tristes y enfermos
y dio la luz a los ciegos.

La gente estaba triste.
Jesús curó sus heridas.

La gente estaba triste.
Jesús secó sus lágrimas.

La gente estaba triste.
Jesús les descubrió el camino de la felicidad.

Él nos habló de Dios, creador del mundo,
que ama lo grande y lo pequeño;
que viste las flores y alimenta a los pájaros,
que cuida y vigila nuestro sueño.

Si Dios cuida de las
flores,
**Dios también cuidará
de nosotros.**

Si Dios cuida de los
pájaros,
**Dios también cuidará
de nosotros.**

Si Dios cuida de toda la
creación,
**Dios también cuidará
de nosotros.**

Él nos contó que Dios se alegra
cuando nos apartamos del mal camino
y elegimos la buena senda,
como los verdaderos amigos.

¿Por qué cantan los ángeles?
Porque el mal disminuye en el mundo.

¿Por qué cantan los ángeles?
Porque hay más amor en el mundo.

¿Por qué cantan los ángeles?
Porque Dios tiene un nuevo amigo.

Pero sus palabras a algunos molestaron.
—Ese hombre —dijeron— debe morir.
Y susurraron, mintieron y conspiraron,
y al fin en una cruz muy alta lo clavaron.

¿Hirieron de verdad a Jesús?
Sí, afilados clavos atravesaron sus manos.

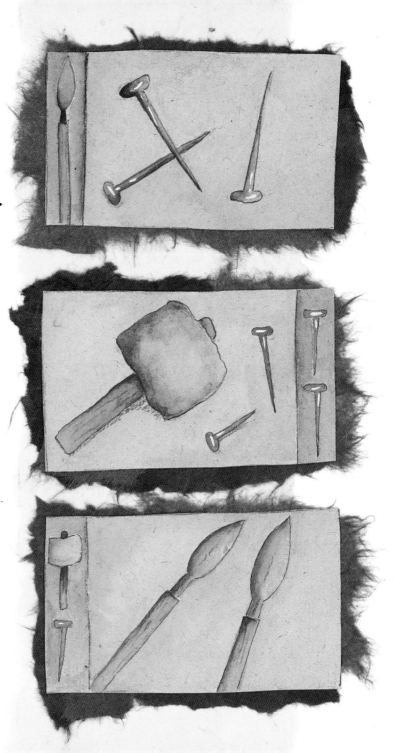

¿Hirieron de verdad a Jesús?
Sí, afilados clavos atravesaron sus pies.

¿Hirieron de verdad a Jesús?
Sí, una afilada lanza le traspasó el costado.

El cielo se cubrió de oscuridad.
Parecía que había triunfado la maldad.
Pero Jesús miró hacia el mundo
y dijo a Dios: «Perdónalos».

**¿Qué perdonó
Jesús?**
Perdonó a todo
el que hace mal.

**¿Qué perdonó
Jesús?**
Perdonó a todo
el que hace daño.

**¿Qué perdonó
Jesús?**
Perdonó todo el mal
que existe en el
mundo.

Los amigos de Jesús, con gran tristeza,
en una tumba dejaron su cuerpo
y la cerraron creyéndolo muerto.
Y así transcurrió un día de profunda pena.

Su amigo se había ido. **¡Qué gran tristeza!**

Echaban de menos su amor. **¡Qué gran tristeza!**

Quizá las buenas palabras de Jesús no eran verdad. **¡Qué gran tristeza!**

Al día siguiente sus amigos regresaron
para despedirse de Jesús, pensaron.
Pero la piedra que cerraba la tumba no estaba.
¿Quién la había quitado?

¿Quién había movido la piedra?
No lo sabían.

¿Dónde estaba el cuerpo de Jesús?
No lo sabían.

¿Qué tenían que hacer ahora?
No lo sabían.

Y entonces los vieron:
eran los ángeles del cielo.
—No debéis llorar,
Jesús está vivo.
El amor de Dios nunca morirá.

¿Vive realmente?
Eso dijeron los ángeles.

¿Vive realmente?
Sí, ellos le vieron.

¿Vive realmente?
Sí, ellos le tocaron.

Celebrad por tanto esta gran noticia:
que los malos actos están perdonados,
y que Dios nos ama, ¡albricias!, ¡albricias!

Cantad, porque la maldad
ha sido vencida.
¡Aleluya!

Cantad, porque el amor
de Dios es fuerte.
¡Aleluya!

Cantad, porque Jesús
ha traído la alegría al
mundo.
¡Aleluya!

Y Jesucristo ha resucitado.